Reinhild und Nikolai v. Michalewsky

ICH UND DU

Liebesgedichte

Umschlag: Reinhild v. Michalewsky
Illustrationen: Wladimir Uljanow
© Alle Rechte bei Reinhild v. Michalewsky
Herstellung: Books on Demand GmbH, 2001
ISBN: 3-8311-1809-4

LYRIK ist der Weg zu dem einen magischen Wort, mit dem ALLES gesagt ist.

Nikolai v. Michalewsky

es kommt der tag und keiner kann mich halten.
es steht im buch: das fest sei aus.
und so, im banne von gewalten,
verlass ich dich, verlasse ich mein haus –

arm wie ich kam. doch eines darf nicht fehlen
auf meinem weg zu Gottes Thron:
gib mir die liebe mit ins reich der seelen
gib mir die liebe mit als meinen lohn!

N.v.M.

wenn Du mich willst, Herr, ruf mich weg vom feste
bevor dies schal wird und die freunde gehn.
noch tobt der tanz – im kreis drehn sich die gäste.
doch bleibt der zeiger auch für sie nicht stehn.

und wenn ich geh, Herr, gehe ich gelassen
und ohne reue nach dem maskenspiel.
mir war nie zeit genug um viel zu hassen
doch lieben ... lieben durft ich sehr und viel.

N.v.M.

es steht geschrieben in der alten schrift
die wir gefunden haben unterm staube
daß mir bestimmt ist was auch dich betrifft:
du seist mir leben und ich sei dir glaube

du seist mein sinn und doch von mir beseelt.
das buch sprach wahr. laß es dir heute sagen:
ich will nicht atmen wo dein atem fehlt
wo deins nicht schlägt will auch mein herz nicht
schlagen.

N.v.M.

um das zu preisen muss ich niederknien
den blick erhoben zu den lichten schranken ...
den wolken sag ich's die vorüberziehn:
nicht dir nicht dir doch Ihm will ich es danken

daß wir uns fanden – nächtens – leib zu leib
von fremder macht beseligt und getrieben
ein neues paar – uralt: - der mann das weib ...
die nacht vergeht, der tag bricht an. wir lieben

                                    N.v.M.

und wenn es still ist kommen mir die bilder.
es war einmal: wir waren arm und jung.
und plötzlich steht dann die erinnerung
vor mir wie altvertraute straßenschilder

und alles ist wie einst: die schrägen wände
das hohe fenster das nur himmel kennt.
und du damit die glut erneut entbrennt
schmiegst dein gesicht erschöpft in meine hände.

wie bin ich reich da ich dies alles habe!
es war einmal und lebt nun wie ein buch.
schlag es nur auf und sieh hinein und such
darin die widmung: meine morgengabe.

N.v.M.

atemlos
lausche ich
dem schlag
meines herzens

atemlos
dem lied
der liebe

atemlos
brauche ich
deinen atem
zum leben

R.v.M.

so wird es sein. du weißt: es kann nur enden.
doch bis dahin bin ich dir anvertraut.
die zeit – sieh! - ist wie wasser in den händen
verronnen ist es wenn der morgen graut.

so wird es sein. du weißt: nie währt es lange.
für eine spanne leben sei's gebannt!
es streift dein atem ruhig meine wange
und deine brust ruht warm in meiner hand.

N.v.M.

so sagt die schrift: sie werden sich erkennen.
nun bist du da und draussen wächst die nacht.
ich bete stumm – im banne jener macht:
wirst denn auch du den zaubernamen nennen?

so will's die schrift. sie sagt's. und damit amen.
blieb ich dir fremd? es raubt mir alle ruh.
doch dann – wie rührt's mich an! – dies leise „du"
...
o Herr, sie ist's! sie raunte meinen namen.

N.v.M.

dein atem
küsst meine haut
wärmt meine seele
erfüllt mein sein

liebe
atem Gottes

R.v.M.

seit du mich liebst bin ich behütet.
mich bangt vor hunger nicht und not
noch vor der pest die droht und wütet
                         - du bist mein brot.

seit du mich liebst bin ich geborgen.
mit der gewißheit schlaf ich ein:
versiegten alle brunnen morgen
                         - du bist mein wein.

seit du mich liebst bin ich gesundet.
es schwirrt der pfeil es trifft das erz:
ich lebe weiter unverwundet
                         - du bist mein herz.

                             N.v.M.

eins gewesen
im göttlichen plan

wurden wir eins
im schrei des leibes

waren wir eins
im schlag des herzens

blieben wir eins
im klang der seele

werden wir eins sein
in Gottes unendlichkeit

R.v.M.

bis an den rand des wahnsinns laß uns träumen
denn so muß liebe sein. zieh aus dein kleid
zu nächten die vor wollust überschäumen
und heisser leiber trunkner seligkeit!

doch dann, erschöpft, zu morgengrauer stunde
die nicht mehr scheiden kann was lust was
schmerz –
dann sprich zu mir mit wundgeküsstem munde:
ich bin dein leben – aber du mein herz.

N.v.M.

sonne in mir
wärme zum leben
hoffnung für morgen
erfüllung im jetzt
du, sonne in mir

R.v.M.

es fällt kein wort, nur deine blicke saugen
aus mir heraus: das was ich bin.
ich steh gelähmt. mich fesseln deine augen
und ziehn mich, ... ziehn mich zu dir hin.

o welch ein zauber weckt in mir die lüste?
es reisst mich hin zu deinem leib
und endlich dann, im segen deiner brüste,
bin ich nur mann, bist du nur weib ...

N.v.M.

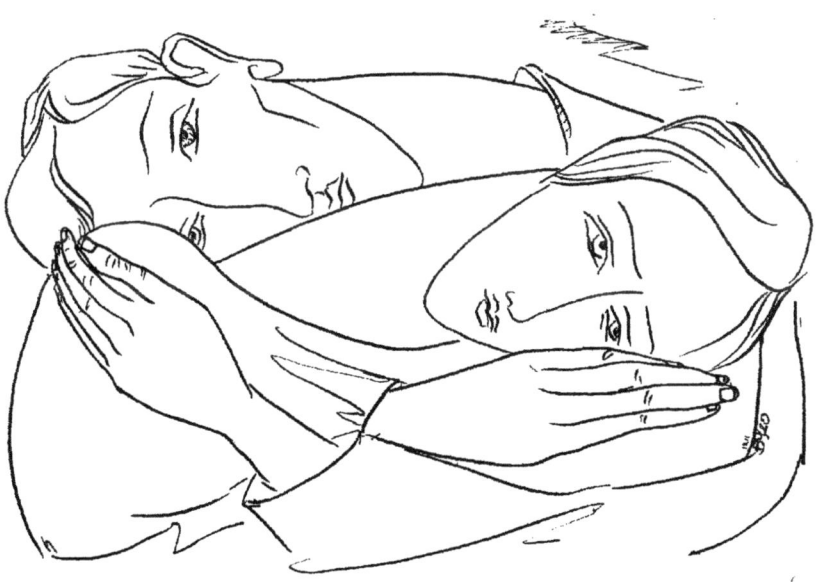

du und ich
zweifach haut
und
zweifach atem
doch
ungetrenntes eins
im wir

        R.v.M.

in jener nacht an jenem lagerorte
als wie ein feuer mund zu munde fand
sprach uns der kalte mond die binde-worte?
war es der ruf der eule was uns band?

da du mich fragst ob ich die antwort wüsste
tritt vor den spiegel hin und sieh dich weib:
sieh deiner hüften schwung die ranken brüste
den liebestrunknen alabasterleib!

und dann komm her auf daß wir's neu beginnen!
es war die eule nicht und nicht der mond.
es ist die süße gier in unsern sinnen
es ist das tier das uns im fleische wohnt.

N.v.M.

an kalten tagen steh ich oft am zaun
und warte daß die schwalben wiederkehren
und meine blicke wandern voll vertraun
den wolken nach den schnee- und regenschweren.

wie sind sie frei! indes mein platz ist hier
an diesem zaun zu dem die träume kamen.
doch etwas in mir ruft:

                es ruft nach dir
und gibt der sehnsucht deinen teuren namen.

doch etwas in mir ruft:

                was säumst du glück?
und käme nicht mit südlicheren winden
aus fernen himmeln mir dein gruß zurück
- ich ginge los – geliebte – dich zu finden

                N.v.M.

er sprach: was es auch sei begehr es
gleichwohl was mir dein sinn benennt –
ich reich es dir vom grund des meeres
ich pflück es dir vom firmament

wenn du so willst hier nimm die erde
ich setze dich zum herrscher ein.
der preis sei billig – hör ihn: werde
aus freien stücken immer mein.

ein wink: schon neigten sich die leute.
zu teuer – sprach ich – ist der ruhm
der preis war billig gestern. heute
bin ich nicht mehr mein eigentum.

N.v.M.

tage mir dir

        mein reichtum

stunden mit dir

        mein brot

dein atem

        mein leben

        R.v.M.

die schätze zählen geht mein sinnen.
was mich so reich macht
                    - ist der wind
es ist der tag und das beginnen
es ist die nacht und was verrinnt.

es ist der wolken weiße herde
der donner ist es und der blitz
es sind der himmel und die erde.
es ist
                    - das echo deines schritts.

ich bin nicht arm: in deinen armen.
ich hab dein lachen: so vertraut
und wenn ich leide: dein erbarmen
und wenn ich friere: deine haut

                    N.v.M.

vertrieben aus dem paradies
erkannte ich dich
in deiner nacktheit
erkannte
auch mich
und meine verletzbarkeit
bedeckte mich mit
deiner nacktheit
und war unverletzbar
durch deine liebe

R.v.M.

die nächte such ich wie das abenteuer
wenn sich die fackel deines munds mir neigt
auf daß in meinem fleisch ein wildes feuer
zu deinem fleisch der sünde weg mir zeigt.

dann führt auf einmal wollust mir die hände
bis daß du aufschreist wie in schmerz und qual
und ich in deines schoßes widerstände
mich fiebernd stürzen kann. doch manchesmal

kann es geschehen daß wenn wir uns vereinen
von fern ein glanz auf uns sich niedersenkt
dich übersäend wie mit edelsteinen
aus jenen tränen die das glück mir schenkt

                                        N.v.M.

wenn
deine füsse erde spüren
wenn
schönheit deinen blick fesselt
wenn
du deine hand auf meine haut legst
berührst du meine seele

R.v.M.

es ist geschehn: der sturz des sonnenballs.
doch auf der zunge perlt noch das verlangen
nach rosa schluchten voller süßem salz
und dem geruch von zeugen und empfangen

nach diesem leib der sich zum schein verschloß
und sich dann auftat jäh um zu begehren
und mich verschlang bis ich mich drin vergoß
und mich vergaß: unfähig mich zu wehren ...

es ist geschehn. dein atem streift mich still.
doch in der stille dröhnen noch die bilder
und geht mein schrei noch um: ich will ich will
und deine anwort: nimm mich nimm mich wilder!

N.v.M.

blume
der nacht
im
schwarzen licht
des mondes
sanfter trug
dein
silberner kelch
verströmend
den wilden
duft
der erde
gierig
der schwellende
schlund
aufzehrend
das leben
blume
der nacht
in
mondesstille
bist du
schrei

R.v.M.

und manche nacht sind wir nur mann und weib
wenn uns die wollust treibt uns zu vollenden:
dann bist in meinen händen du ganz leib
dann bin auch ich ganz leib in deine händen:

bis hin zur ewigkeit wenn atemlos
du mich begehrst wie ich dich jäh erheische
auf daß es friede werde: du nur schoß
und ich ganz fleisch in deinem fleische.

N.v.M.

perlen auf meiner haut:
dein lachen
samt:
deine zärtlichkeit
mein paradies:
deine liebe
   R.v.M.

nicht selten macht die liebe mich zum feind.
dann brauch ich deine schreie wie fanfaren
wenn ich aus deinen schweißverklebten haaren
das banner flechte das uns zwei vereint.

wenn wie im harnisch meine küsse klirrn
um auf dem schlachtfeld unser beider linnen
dich zu erobern und dich zu gewinnen ...
es fällt dir leicht den gegner zu verwirrn.

so daß geschieht wie du befiehlst und willst.
wie lieb ich's wenn dein schöner wille siegte
und dieses harte fleisch das dich bekriegte
wie weiches wachs auf deinen brüsten schmilzt!

N.v.M.

im schweren duft
der holunderblüten
presst sich
mein leib
ins warme gras
bin ich
in betäubtem sein
geliebte
der erde

R.v.M.

und nächte sind die dürften niemals enden
mit ihrem schrei aus heißgeliebter not:
dann gleichen deine lippen henkersbränden
und deine schenkel sind mein schlimmer tod.

wie such ich dann das göttliche verderben
in neuem leiden und vermehrter qual
um tausendmal in deinem leib zu sterben
und aufzuleben wieder tausendmal.

in diesen nächten flehe ich: verweile
du augenblick aus unsrer lust gebraut
dann bet ich an das fleisch das nackte geile
und deine haut – o Gott! - und deine haut

N.v.M.

was Gott uns gab in Seiner großen huld
daß es uns speise tag um tag aufs neue –
– die zärtlichkeit die liebe und die treue –
Sein eigen blieb es – wir in Seiner schuld.

drum laß uns dienen ohne unterlaß
und Seine gaben tag um tag vermehren
uns zur beglückung als auch Ihm zu ehren:
und lieben lieben gegen allen hass

N.v.M.

mit leeren händen muß ich Dir begegnen!
zu der Madonna sprach ichs: sieh –
daß im gebet mich Deine blicke segnen
bin ich nicht wert und wars gewiß auch nie.

man naht sich Dir mit schimmerndem
geschmeide
mit silbergaben und mit opfergold.
ich habe Dir vom hunger den ich leide
nur dann und wann ein hartes brot gezollt.

und ungesegnet wollte ich mich wenden
als mir die jähe gnade widerfuhr ...
Sie sprach zu mir: wie glänzt in deinen händen
aus liebesnächten jene perlenschnur.

N.v.M.

der schlag deines herzens –
mein stundenschlag

dein atemzug –
mein mass der zeit

deine liebe –
unendlichkeit

R.v.M.

was braucht der mensch? ich wills dir künden.
er braucht ein zeichen und ein ziel
er braucht vergebung von den sünden.
ich brauche mehr ich brauche viel.

ob in der kälte des verlieses
- das fleisch geschmiedet an die wand:
was braucht der mensch? ich brauch nur dieses:
um nicht zu frieren dein gewand.

ob vor dem tor des paradieses
- aus dem der spruch uns hat verbannt:
was braucht der mensch? ich brauch nur dieses:
um heimzukehren deine hand.

N.v.M.

in der kälte des
tages
in der dunkelheit der
nacht
bin ich nicht
allein

mein schritt hallt
wider in deinem
schritt
ich bin nicht
allein

in dunkler kälte
mein gebet:
da wir uns fanden
bin ich nicht
allein

R.v.M.

es kann geschehen: mich friert weil bleich und
böse
der jüngste tag begann was keiner weiß.
Gott war im wort auf daß Er uns erlöse.
Er hielt es nicht. zu hoch war Ihm der preis.

sieh diese welt! mit hass und schuld beladen
wie tritt sie schrecklich an zum amoklauf.

bevor Gott floh: von allen seinen gnaden
die höchste ließ Er hier. o nimm sie auf!

bau um mein herz die festung deiner hände
denn wo die liebe ist ist nicht der Hass
und laß uns treu sein ohne maß und ende
und lieben lieben ohne unterlaß!

N.v.M.

wenn der flügelschlag aufsteigener tauben
mein ohr trifft
wenn erster tau
meine füsse netzt
wenn deine augen meine liebe spiegeln
tauche ich ein in das paradies

R.v.M.

wenn du lachst
klingt meine seele
siehst du mich an
singt mein herz
wenn du mich hälst
bebt meine seele
weil Gott selbst
uns liebe schenkt

R.v.M.

wie war ich arm! doch stand's geschrieben:
gegeben werde dem der gibt.
mit leeren händen gab ich dir ein leben
und wurde reich: von dir geliebt.

und wenn's mich bangt und ich mit beben
die nacht befrage wer ich bin
trittst du hinzu und machst mich leben
und gibst dich her und gibst dich hin.

N.v.M.

von deinem atem
berührt
öffnet sich
meine seele
verströmt
mein sein
im
grenzenlosen
wir

R.v.M.

wir waren wir: für eine kurze weile
warst du mit mir war ich mit dir vertauscht.
es ist geschehn. vorüber ist die eile
doch das erinnern rauscht im blut und rauscht.

wie friedvoll ist dein mund der vielgeküsste!
ich liege stumm und spüre wohlvertraut
auf meiner brust die schwere deiner brüste
auf meiner haut die wärme deiner haut.

N.v.M.

wie auch
gefüllt
die waagschalen:
mit
stärke
schwäche
deiner
meiner –
still
verharren sie
im gleichgewicht

R.v.M.

ich weiß so war's: ein warten daß was werde
und wenn es ward zerfiel's bereits zu staub.
vergebens rief vergebens sang die erde.
wie war ich augenlos wie war ich taub.

o diese nacht! nie war der vollmond runder
das lied der erde quillt und kennt kein weh.
Du hast mich angerührt. es ist ein wunder
es fand mich tot und sprach: steht auf und geh!

N.v.M.

lustvoll
vermehre ich
meine schätze:
reihe augenblick
für augenblick
pulsierenden seins
perlengleich
auf die
schnur
meines lebens

R.v.M.

und nächtens wills mein glück: ich darf dir
dienen.
dann baun wir für die liebe uns ein schloß
aus unserm fleisch: mit goldnen baldachinen
sobald dein haar sich löste und ergoß

und mir die sinne raubt bis zu der stunde
in der die amsel uns in schlummer singt
und mir ein müder kuß von deinem munde
die süße schwere eines traumes bringt ...

wie bin ich reich sobald wir dann erwachen!
du kämmst dein haar und streichst das linnen
glatt
auf dem mich nachts dein liebestolles lachen
mit lauter perlen überschüttet hat

              N.v.M.

mass der zeit
den planeten entrissen
zerteilt die stunde
in sklavischem takt

doch in der liebe
unendlicher zeit
zählt nur das eine mass:
Gott

R.v.M.

das lied erklang zu ungewohnter stunde
und zog durchs dunkel wie ein geigenstrich ...
wer spielte es:
                    mein mund auf deinem munde
- mein leib an deinem leib: dies du und ich?

das lied erklang erneut am andern tage
und war nicht so wie man es alltags kennt.
du sahst mich an und ich verstand die frage:
bist du der spielmann – ich das instrument?

wenn du's nicht bist: der spielmann
                    - sprich! wie heißt er?
- wir standen lauschend hand in hand am tor
und ahnten scheu daß uns ein höhrer meister
zu seiner schönsten melodie erkor

                    N.v.M.

ich weiß: es war. es bleibt mir unbenommen
vergaß ich auch den ort den tag das jahr.
ich sehe noch: du öffnetest im kommen
- o warst du atemlos! – dein schönes haar

und dann war nur noch nacht. und keine stunde
schlug dir und mir für eine ewigkeit
derweilen ich berauscht von deinem munde
des glückes süße trank die ganze zeit.

wir waren jung und arm. wir waren wilder.
wir zahlten ihn: der liebe hohen preis.
ich sehe noch: ich sehe noch die bilder
und weiß: es war. es war es war: ich weiß.

N.v.M.

der wind treibt mich hin
zu erkalteten essen
was ich war wer ich bin
ist fast schon vergessen

der wind treibt mich fort
zu versiegelten toren
ohne zeit ohne ort
sie gingen verloren

doch eins ist mir fest
unverlierbar verblieben
als ein goldener rest:
wie's war dich zu lieben

                    N.v.M.

wie der zirkel
den kreis teilt
zerteilte ich
mein leben
plante
tage wochen
segmentierte
die zeit
dann
kamst du
zerbrachst
den zirkel
warfst mich
ins leben

nun
liebe ich

R.v.M.

es war einmal und trotzdem ist's wie heute:
die liebe und das lachen – als bedacht
wir, du und ich, der wollust frohe beute
den tag eintauschten für die nacht ...

es war einmal und trotzdem ist's wie immer
und wird so bleiben bis zum letzten schlag:
um uns nur weiße nacht im kleinen zimmer
und nirgendwann der nächste tag

N.v.M.

metamorphose

nimm dieses brot und werde
ganz still und hör nur zu:
das brot war gestern erde.
die erde gibt uns ruh.

wird sie auch mich einst decken
so heisst es: er ist tot.
ein frühling wird mich wecken
für dich, für dich zum brot.

N.v.M.

es ist auch dies: den andern weitertragen
wenn er schon fort ist und ihn keiner nennt.
sei du der mund für ihn um das zu sagen
was außer dir nur er allein noch kennt:

dies eine wort: geheiligt ist das leben
wenn man so lieben durfte fest und tief.
es ist auch dies. dem andern zu vergeben
daß er gegangen ist als man ihn rief.

N.v.M.

ein Andrer setzt das maß für meine schritte
und wenn Er rufen wird dann muß ich gehn ...
es bleibt ein pfand dir – meine bitte:
sei unbesorgt daß wir uns wiedersehn!

denn was gebunden wird zum ring des lebens
und was verflochten blieb im sturm der zeit
liebt selbst im tode nicht vergebens
und liebt und liebt in ewigkeit

N.v.M.

doch wenn der tag kommt mir die stunde schlägt
dann sei getrost. ich bin dir unverloren
denn was die trauer liebend weiterträgt
wird als erinnern freudig neu geboren

und wird zur brücke jeden tag aus neu
von deinem strande hin zu meinem ufer.
sie wird erprobt sein. geh sie ohne scheu.
sei du nur zuversicht – ich bin der rufer

N.v.M.

nimm meine liebe mit. sie wird dich wärmen
in finstern nächten wenn das blut gefriert
und stille wird sie sein im wilden lärmen
und glaube auch der neuen mut gebiert.

nimm meine liebe mit. doch laß mir deine.
wie will ich stark sein wenn sie mich umgibt
bis daß aus tränen die ich dann nicht weine
mein Ich dir zufliegt und dich liebt und liebt.

N.v.M.

kein anfang ist und nirgendwo ein ende
und immer fließt und niemals stockt die zeit.
vorüber treibt das schwankende gelände
und bleibt zurück.
                    der strom wird breit

bis zeit und sein zum nebel sich verweben.
wo ist hier ende wo ist anbeginn?
und niemals stockt und immer fließt das leben ...
ich war. ich werde sein.
                    Ich bin.

                N.v.M.

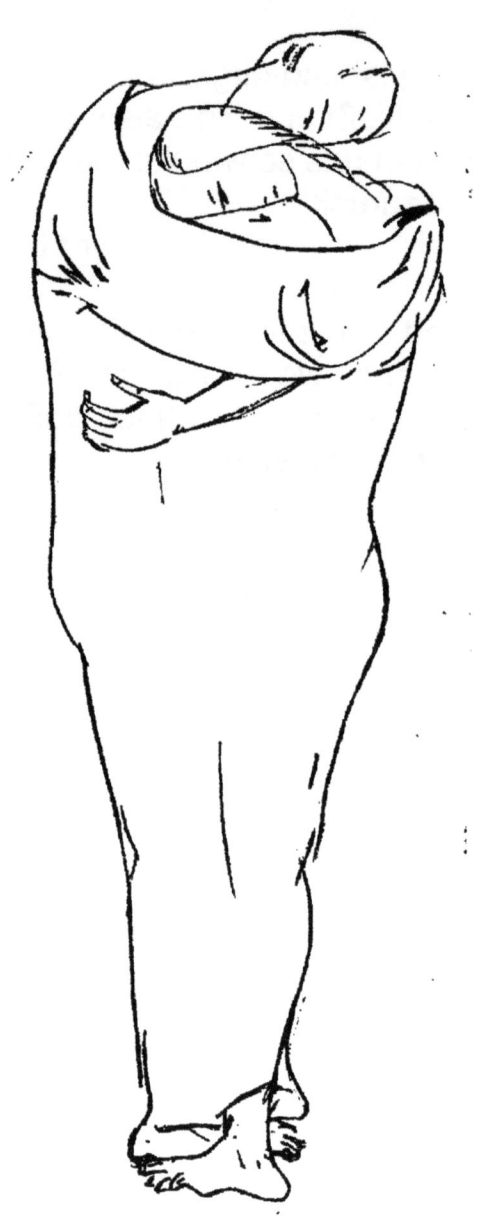

Nachwort

Der vorliegende Gedichtband ist ein Vermächtnis.

Als mein Mann, Nikolai v. Michalewsky, im Dezember des Jahres 2000 starb, lag diese Auswahl von Liebesgedichten auf seinem Schreibtisch. Immer in engem Gespräch und mit Freude am entstehenden Werk hatten wir die Vorbereitungsphase abgeschlossen. Auch die Illustrationen, die ein Freund, der russische Maler Wladimir Uljanow, entworfen hatte, waren gesichtet und ausgewählt. Der Gedichtband sollte im Frühjahr 2001 erscheinen.

Es war mir ein Bedürfnis und eine Verpflichtung, diese gemeinsam begonnene Arbeit fortzusetzen.

Reinhild v. Michalewsky

Im März 2001

Reinhild und Nikolai v. Michalewsky

Nikolai v. Michalewsky,
Schriftsteller,
bekannt geworden durch seine zum Teil unter
Pseudonym geschriebenen Bücher und Hörspiele.
Seine besondere Liebe aber galt der Lyrik. Schon als
junger Mann machte er mit Dichterlesungen auf sich
aufmerksam. Die in diesem Band veröffentlichten
Gedichte betitelte er mit wenigen Ausnahmen „lieben".

Reinhild v. Michalewsky,
Lehrerin,
wurde von ihrem Mann Nikolai v. Michalewsky
ermutigt und bestärkt, zu schreiben. Es entstanden
Kinderbücher, Kurzgeschichten und Gedichte.